MATEMÁTICAS DIVERTIDAS

SUMAS

Un libro de Las Raíces de Crabtree

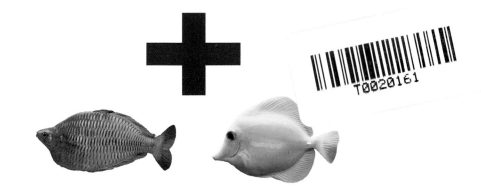

CRABTREE
Publishing Company
www.crabtreebooks.com

DOUGLAS BENDER
Traducción de
Pablo de la Vega

Apoyos de la escuela a los hogares para cuidadores y maestros

Este libro ayuda a los niños en su desarrollo al permitirles practicar la lectura. Abajo están algunas preguntas guía para ayudar al lector a fortalecer sus habilidades de comprensión. En rojo hay algunas opciones de respuesta.

Antes de leer:

- ¿De qué pienso que tratará este libro?
  - *Pienso que este libro es sobre matemáticas y sumas.*
  - *Pienso que este libro es sobre cómo hacer sumas.*
- ¿Qué quiero aprender sobre este tema?
  - *Quiero aprender qué es una suma.*
  - *Quiero aprender cómo sumar números.*

Durante la lectura:

- Me pregunto por qué...
  - *Me pregunto por qué la gente podría necesitar calculadoras para hacer sumas.*
  - *Me pregunto por qué la gente usa el signo más cuando suma.*
- ¿Qué he aprendido hasta ahora?
  - *Aprendí que las sumas nos dicen cuántos hay.*
  - *Aprendí que la gente usa el signo más cuando suma.*

Después de leer:

- ¿Qué detalles aprendí de este tema?
  - *Aprendí que la gente hace sumas todo el tiempo.*
  - *Aprendí que sumar nos ayuda a contar cosas rápidamente.*
- Lee el libro una vez más y busca las palabras del vocabulario.
  - *Veo la palabra **crayón** en la página 4 y las palabras **signo más** en la página 8. Las demás palabras del vocabulario están en la página 14.*

1+1= | 2+2=

2+3= 3+4=

Las **sumas** nos ayudan a saber cuántas cosas hay.

Encuentra un **crayón** rojo y uno azul.

¡Ahora tienes dos crayones!

2

Puedes usar un **signo más** para sumar dos o más números.

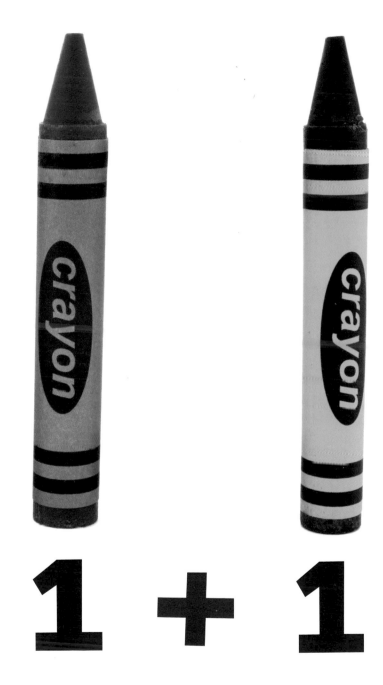

1 + 1

Una **manzana** más
dos manzanas son
tres manzanas.

3

2

¡Usamos las
matemáticas
todo el tiempo!

+ 2

= 4

Lista de palabras

Palabras de uso común

a	hay	tienes	usamos
ahora	las	todo	usar
ayudan	nos	tres	y
cuántas	o	un	
dos	para	una	
el	son	uno	

Palabras para conocer

crayón

manzana

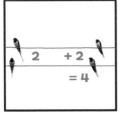

matemáticas

signo más

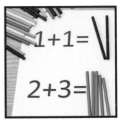

sumas

45 palabras

Las **sumas** nos ayudan a saber cuántas cosas hay.

Encuentra un **crayón** rojo y uno azul.

¡Ahora tienes dos crayones!

Puedes usar un **signo más** para sumar dos o más números.

Una **manzana** más dos manzanas son tres manzanas.

¡Usamos las **matemáticas** todo el tiempo!

MATEMÁTICAS DIVERTIDAS
SUMAS

Written by: Douglas Bender
Designed by: Rhea Wallace
Series Development: James Earley
Proofreader: Janine Deschenes
Educational Consultant:
Marie Lemke M.Ed.
Translation to Spanish:
Pablo de la Vega
Spanish-language layout and
proofread: Base Tres
Print and production coordinator:
Katherine Berti

Photographs:
Shutterstock: Kletr: cover; Freer: p. 3, 14;
Lucie Lang: p. 5, 7, 9, 14; Nataly Studio:
p. 10, 11; Bachkova Natalia; p. 12, 13, 14

Library and Archives Canada Cataloguing in Publication
Title: Sumas / Douglas Bender ; traducción de Pablo de la Vega.
Other titles: Adding. Spanish
Names: Bender, Douglas, 1992- author. | Vega, Pablo de la, translator.
Description: Series statement: Matemáticas divertidas | Translation of:
    Adding. | "Un libro de las raíces de Crabtree". | Text in Spanish.
Identifiers: Canadiana (print) 20210239956 |
    Canadiana (ebook) 20210239964 |
    ISBN 9781039614659 (hardcover) |
    ISBN 9781039614710 (softcover) |
    ISBN 9781039614772 (HTML) |
    ISBN 9781039614833 (EPUB) |
    ISBN 9781039614895 (read-along ebook)
Subjects: LCSH: Addition—Juvenile literature.
Classification: LCC QA115 .B4618 2022 | DDC j513.2/11—dc23

Library of Congress Cataloging-in-Publication Data
Names: Bender, Douglas, 1992- author.
Title: Sumas / Douglas Bender ; traducción de Pablo de la Vega.
Other titles: Adding. Spanish
Description: New York : Crabtree Publishing, [2022] | Series: Matemáticas diverti-
    das - un libro de las raíces de Crabtree
Identifiers: LCCN 2021027036 (print) |
    LCCN 2021027037 (ebook) |
    ISBN 9781039614659 (hardcover) |
    ISBN 9781039614710 (paperback) |
    ISBN 9781039614772 (ebook) |
    ISBN 9781039614833 (epub) |
    ISBN 9781039614895
Subjects: LCSH: Addition--Juvenile literature.
Classification: LCC QA115 .B4618 2022 (print) | LCC QA115 (ebook) |
    DDC 513.2/11--dc23
LC record available at https://lccn.loc.gov/2021027036
LC ebook record available at https://lccn.loc.gov/2021027037

Crabtree Publishing Company

Printed in the U.S.A./092021/CG20210616

www.crabtreebooks.com   1-800-387-7650

Published in the United States
Crabtree Publishing
347 Fifth Avenue, Suite 1402-145
New York, NY, 10016

Published in Canada
Crabtree Publishing
616 Welland Ave.
St. Catharines, Ontario L2M 5V6